孟子卷之下

離婁章句下（凡三十三章）

孟子曰舜生於諸馮遷於負夏卒於鳴條東夷之人也文王生於岐周卒於畢郢西夷之人也地之相去也千有餘里世之相後也千有餘歲得志行乎中國若合符節先聖後聖其揆一也○子產聽鄭國之政以其乘輿

濟人於溱洧（乘去聲溱音臻洧榮美反）孟子曰惠而不知為政歲十一月徒杠成（杠音江）十二月輿梁成民未病涉也君子平其政行辟人可也焉得人人而濟之（辟與闢同焉於虔反）故為政者每人而悅之日亦不足矣○孟子告齊宣王曰君之視臣如手足則臣視君如腹心君之視臣如犬馬則臣視君如國人君之

視臣如土芥則臣視君如寇讎王曰禮爲舊君有服何如斯可爲服矣（爲去聲下爲之同）曰諫行言聽膏澤下於民有故而去則君使人導之出疆又先於其所往去三年不反然後收其田里此之謂三有禮焉如此則爲之服矣今也爲臣諫則不行言則不聽膏澤不下於民有故而去則君搏執之又極之於其所往去之日遂收其田里此之謂寇讎寇讎何服之有

○孟子曰無罪而殺士則大夫可以去無罪而戮民則士可以徙

○孟子曰君仁莫不仁君義莫不義

○孟子曰非禮之禮非義之義大人弗爲

○孟子曰中也養不中才也養不才故人樂有賢父兄也如中也棄不中才也棄不才

則賢不肖之相去其間不能以寸。樂音洛○孟子曰人有不爲也而後可以有爲。○孟子曰言人之不善當如後患何。○孟子曰仲尼不爲已甚者。○孟子曰大人者言不必信行不必果惟義所在。行去聲○孟子曰大人者不失其赤子之心者也。○孟子曰養生者不足以當大事惟送死可以當大事。養去聲

○孟子曰君子深造之以道欲其自得之也自得之則居之安居之安則資之深資之深則取之左右逢其原故君子欲其自得之也。造七到反○孟子曰博學而詳說之將以反說約也。○孟子曰以善服人者未有能服人者也以善養人然後能服天下天下不心服而王者未之有也。王去聲

○孟子曰言無實不祥不祥之實蔽賢者當之○徐子曰仲尼亟稱於水曰水哉水哉何取於水也（亟去吏反）孟子曰原泉混混不舍晝夜盈科而後進放乎四海有本者如是是之取爾（舍放並上聲）苟爲無本七八月之間雨集溝澮皆盈其涸也可立而待也故聲聞過情君子恥之（澮古外反涸下各反聞去聲）

○孟子曰人之所以異於禽獸者幾希庶民去之君子存之舜明於庶物察於人倫由仁義行非行仁義也○孟子曰禹惡旨酒而好善言（惡好並去聲）湯執中立賢無方文王視民如傷望道而未之見（而讀爲如古字通用）武王不泄邇不忘遠周公思兼三王以施四事其有不合者仰而思之夜以繼日幸而得之

坐以待旦○孟子曰王者之迹熄而詩亡詩亡然後春秋作晉之乘楚之檮杌魯之春秋一也乘去聲檮逃杌兀其事則齊桓晉文其文則史孔子曰其義則丘竊取之矣○孟子曰君子之澤五世而斬小人之澤五世而斬予未得爲孔子徒也予私淑諸人也○孟子曰可以取可以無取取傷廉可以

與可以無與與傷惠可以死可以無死死傷勇○逄蒙學射於羿逄薄江反盡羿之道思天下惟羿爲愈己於是殺羿孟子曰是亦羿有罪焉公明儀曰宜若無罪焉曰薄乎云爾惡得無罪惡平聲鄭人使子濯孺子侵衛衛使庾公之斯追之子濯孺子曰今日我疾作不可以執弓吾死矣夫音扶問其僕

曰追我者誰也其僕曰庾公之斯也曰吾生矣其僕曰庾公之斯衛之善射者也夫子曰吾生何謂也曰庾公之斯學射於尹公之他（徒河反）尹公之他學射於我夫尹公之他端人也（夫音扶）其取友必端矣庾公之斯至曰夫子何爲不執弓曰今日我疾作不可以執弓曰小人學射於尹公之他尹公之他學射於夫子我不忍以夫子之道反害夫子雖然今日之事君事也我不敢廢抽矢扣輪去其金發乘矢而後反（去上聲 乘去聲）○孟子曰西子蒙不潔則人皆掩鼻而過之雖有惡人齊戒沐浴則可以祀上帝（齊側皆反）○孟子曰天下之言性也則故而已矣故者以利爲本所惡於智者爲其鑿也

如智者若禹之行水也則無惡於智
矣禹之行水也行其所無事也如智
者亦行其所無事則智亦大矣惡爲去聲
天之高也星辰之遠也苟求其故千
歲之日至可坐而致也○公行子有
子之喪右師往弔入門有進而與右
師言者有就右師之位而與右師言
者孟子不與右師言右師不悅曰諸

君子皆與驩言孟子獨不與驩言是
簡驩也孟子聞之曰禮朝廷不歷位
而相與言不踰階而相揖也我欲行
禮子敖以我爲簡不亦異乎朝音潮○
孟子曰君子所以異於人者以其存
心也君子以仁存心以禮存心仁者
愛人有禮者敬人愛人者人恒愛之
敬人者人恒敬之恒胡登反有人於此其

待我以横逆則君子必自反也我必
不仁也必無禮也此物奚宜至哉橫去
聲其自反而仁矣自反而有禮矣其
横逆由是也君子必自反也我必不
忠自反而忠矣其横逆由是也君子
曰此亦妄人也已矣如此則與禽獸
奚擇哉於禽獸又何難焉難去聲是故
君子有終身之憂無一朝之患也乃

若所憂則有之舜人也我亦人也舜
爲法於天下可傳於後世我由未免
爲鄉人也是則可憂也憂之如何如
舜而已矣若夫君子所患則亡矣非
仁無爲也非禮無行也如有一朝之
患則君子不患矣夫音扶○禹稷當平
世三過其門而不入孔子賢之顔子
當亂世居於陋巷一簞食一瓢飲人

不堪其憂顏子不改其樂孔子賢之(食似 樂洛)孟子曰禹稷顏回同道禹思天下有溺者由己溺之也稷思天下有飢者由己飢之也是以如是其急也禹稷顏子易地則皆然今有同室之人鬭者救之雖被髮纓冠而救之可也鄉鄰有鬭者被髮纓冠而往救之則惑也雖閉戶可也○公都子曰匡章通國皆稱不孝焉夫子與之遊又從而禮貌之敢問何也孟子曰世俗所謂不孝者五惰其四支不顧父母之養一不孝也博奕好飲酒不顧父母之養二不孝也好貨財私妻子不顧父母之養三不孝也從耳目之欲以爲父母戮四不孝也好勇鬭狠以危父母五不孝也章子有一於是乎

好養從並去聲狠胡懇反夫章子子父責善而不相遇也夫音扶責善朋友之道也父子責善賊恩之大者夫章子豈不欲有夫妻子母之屬哉爲得罪於父不得近出妻屏子終身不養焉爲去聲屏音丙養去聲其設心以爲不若是是則罪之大者是則章子已矣

○曾子居武城有越寇或曰寇至盍去諸曰無寓人於我室毀傷其薪木寇退則曰修我牆屋我將反寇退曾子反左右曰待先生如此其忠且敬也寇至則先去以爲民望寇退則反殆於不可沈猶行曰是非汝所知也昔沈猶有負芻之禍從先生者七十人未有與焉與音預子思居於衛有齊寇或曰寇至盍去諸子思曰如伋去君誰與守孟子曰

曾子子思同道曾子師也父兄也子思臣也微也曾子子思易地則皆然

○儲子曰王使人瞷夫子果有以異於人乎孟子曰何以異於人哉堯舜與人同耳（瞷古莧反）

○齊人有一妻一妾而處室者其良人出則必饜酒肉而後反（處上聲）其妻問所與飲食者則盡富貴也其妻告其妾曰良人出則必

饜酒肉而後反問其與飲食者盡富貴也而未嘗有顯者來吾將瞷良人之所之也蚤起施從良人之所之徧國中無與立談者卒之東郭墦間之祭者乞其餘不足又顧而之他此其爲饜足之道也（施音迤又音易下如字墦音潘）其妻歸告其妾曰良人者所仰望而終身也今若此與其妾訕其良人而相泣

於中庭而良人未之知也施施從外來驕其妻妾由君子觀之則人之所以求富貴利達者其妻妾不羞也而不相泣者幾希矣

萬章章句上 凡九章

萬章問曰舜往于田號泣于旻天何爲其號泣也孟子曰怨慕也號平聲萬章曰父母愛之喜而不忘父母惡之勞而不怨然則舜怨乎惡去聲曰長息問於公明高曰舜往于田則吾既得聞命矣號泣于旻天于父母則吾不知也公明高曰是非爾所知也夫公明高以孝子之心爲不若是恝我竭力耕田共爲子職而已矣夫音扶恝苦八反共平聲父母之不我愛於我何哉帝使其子九男二女百官牛羊倉廩備以事

舜於畎畝之中天下之士多就之者帝將胥天下而遷之焉爲不順於父母如窮人無所歸（爲去聲）天下之士悅之人之所欲也而不足以解憂好色人之所欲妻帝之二女而不足以解憂富人之所欲富有天下而不足以解憂貴人之所欲貴爲天子而不足以解憂人悅之好色富貴無足以解憂者惟順於父母可以解憂人少則慕父母知好色則慕少艾有妻子則慕妻子仕則慕君不得於君則熱中大孝終身慕父母五十而慕者予於大舜見之矣（少好並去聲）

○萬章問曰詩云娶妻如之何必告父母信斯言也宜莫如舜舜之不告而娶何也孟子曰告則不得娶男女居室人之大倫

也如告則廢人之大倫以懟父母是以不告也懟直類反萬章曰舜之不告而娶則吾既得聞命矣帝之妻舜而不告何也曰帝亦知告焉則不得妻也妻去聲萬章曰父母使舜完廩捐階瞽瞍焚廩使浚井出從而揜之象曰謨蓋都君咸我績牛羊父母倉廩父母干戈朕琴朕弤朕弤都禮反二嫂使治朕

棲象往入舜宮舜在牀琴象曰鬱陶思君爾忸怩忸女六反怩音尼舜曰惟茲臣庶汝其于予治不識舜不知象之將殺己與與平聲曰奚而不知也象憂亦憂象喜亦喜曰然則舜僞喜者與曰否昔者有饋生魚於鄭子產子產使校人畜之池校人烹之反命曰始舍之圉圉焉少則洋洋焉攸然而逝子產

曰得其所哉得其所哉校人出曰孰謂子產智予既烹而食之曰得其所哉得其所哉故君子可欺以其方難罔以非其道彼以愛兄之道來故誠信而喜之奚僞焉校效教二音畜許六反○萬章問曰象日以殺舜爲事立爲天子則放之何也孟子曰封之也或曰放焉萬章曰舜流共工于幽州放驩兜

于崇山殺三苗于三危殛鯀于羽山四罪而天下咸服誅不仁也象至不仁封之有庳有庳之人奚罪焉庳音鼻仁人固如是乎在他人則誅之在弟則封之曰仁人之於弟也不藏怒焉不宿怨焉親愛之而已矣親之欲其貴也愛之欲其富也封之有庳富貴之也身爲天子弟爲匹夫可謂親愛

之乎敢問或曰放者何謂也曰象不得有爲於其國天子使吏治其國而納其貢稅焉故謂之放豈得暴彼民哉雖然欲常常而見之故源源而來不及貢以政接于有庳此之謂也○

咸丘蒙問曰語云盛德之士君不得而臣父不得而子舜南面而立堯帥諸侯北面而朝之瞽瞍亦北面而朝之舜見瞽瞍其容有蹙孔子曰於斯時也天下殆哉岌岌乎朝潮岌魚及反不識此語誠然乎哉孟子曰否此非君子之言齊東野人之語也堯老而舜攝也堯典曰二十有八載放勳乃徂落百姓如喪考妣三年四海遏密八音孔子曰天無二日民無二王舜既爲天子矣又帥天下諸侯以爲堯三年

喪是二天子矣咸丘蒙曰舜之不臣堯則吾既得聞命矣詩云普天之下莫非王土率土之濱莫非王臣而舜既爲天子矣敢問瞽瞍之非臣如何曰是詩也非是之謂也勞於王事而不得養父母也養去聲曰此莫非王事我獨賢勞也故說詩者不以文害辭不以辭害志以意逆志是爲得之如

以辭而已矣雲漢之詩曰周餘黎民靡有孑遺孑音結信斯言也是周無遺民也孝子之至莫大乎尊親尊親之至莫大乎以天下養爲天子父尊之至也以天下養養之至也詩曰永言孝思孝思維則此之謂也養去聲書曰祗載見瞽瞍夔夔齊栗瞽瞍亦允若見現齋側皆反是爲父不得而子也○萬章

曰堯以天下與舜有諸孟子曰否天子不能以天下與人然則舜有天下也孰與之曰天與之天與之者諄諄然命之乎（諄之淳反）曰否天不言以行與事示之而已矣曰以行與事示之者如之何曰天子能薦人於天不能使天與之天下諸侯能薦人於天子不能使天子與之諸侯大夫能薦人於諸侯不能使諸侯與之大夫昔者堯薦舜於天而天受之暴之於民而民受之故曰天不言以行與事示之而已矣（暴步卜反下同）曰敢問薦之於天而天受之暴之於民而民受之如何曰使之主祭而百神享之是天受之使之主事而事治百姓安之是民受之也天與之人與之故曰天子不能以天

下與人舜相堯二十有八載非人之所能爲也天也堯崩三年之喪畢舜避堯之子於南河之南天下諸侯朝覲者不之堯之子而之舜訟獄者不之堯之子而之舜謳歌者不謳歌堯之子而謳歌舜故曰天也夫然後之中國踐天子位焉而居堯之宮逼堯之子是簒也非天與也相去聲朝音潮夫音扶

太誓曰天視自我民視天聽自我民聽此之謂也○萬章問曰人有言至於禹而德衰不傳於賢而傳於子有諸孟子曰否不然也天與賢則與賢天與子則與子昔者舜薦禹於天十有七年舜崩三年之喪畢禹避舜之子於陽城天下之民從之若堯崩之後不從堯之子而從舜也禹薦益於

天七年禹崩三年之喪畢益避禹之子於箕山之陰朝覲訟獄者不之益而之啓曰吾君之子也謳歌者不謳歌益而謳歌啓曰吾君之子也丹朱之不肖舜之子亦不肖舜之相堯禹之相舜也歷年多施澤於民久啓賢能敬承繼禹之道益之相禹也歷年少施澤於民未久相去聲舜禹益相去

久遠其子之賢不肖皆天也非人之所能爲也莫之爲而爲者天也莫之致而至者命也匹夫而有天下者德必若舜禹而又有天子薦之者故仲尼不有天下繼世以有天下天之所廢必若桀紂者也故益伊尹周公不有天下伊尹相湯以王於天下相王並去聲湯崩太丁未立外丙二年仲壬四

年太甲顛覆湯之典刑伊尹放之於桐三年太甲悔過自怨自艾於桐處仁遷義三年以聽伊尹之訓己也復歸于亳（艾音乂復扶又反）周公之不有天下猶益之於夏伊尹之於殷也孔子曰唐虞禪夏后殷周繼其義一也（禪音擅）

○萬章問曰人有言伊尹以割烹要湯有諸（要平聲下同）孟子曰否不然伊尹

耕於有莘之野而樂堯舜之道焉非其義也非其道也祿之以天下弗顧也繫馬千駟弗視也非其義也非其道也一介不以與人一介不以取諸人（樂音洛）湯使人以幣聘之囂囂然曰我何以湯之聘幣爲哉（囂五高反又戶驕反）我豈若處畎畝之中由是以樂堯舜之道哉湯三使往聘之既而幡然改曰

與我處畎畝之中由是以樂堯舜之道吾豈若使是君爲堯舜之君哉吾豈若使是民爲堯舜之民哉吾豈若於吾身親見之哉天之生此民也使先知覺後知使先覺覺後覺也予天民之先覺者也予將以斯道覺斯民也非予覺之而誰也思天下之民匹夫匹婦有不被堯舜之澤者若已推

而內之溝中其自任以天下之重如此故就湯而說之以伐夏救民（推吐回反）（內音納　說音稅）吾未聞枉己而正人者也況辱己以正天下者乎聖人之行不同也或遠或近或去或不去歸潔其身而已矣（行去聲）吾聞其以堯舜之道要湯未聞以割烹也伊訓曰天誅造攻自牧宮朕載自亳○萬章問曰或謂

孔子於衛主癰疽於齊主侍人瘠環有諸乎孟子曰否不然也好事者爲之也（癰於容反疽七余反好去聲）於衛主顏讎由彌子之妻與子路之妻兄弟也彌子謂子路曰孔子主我衛卿可得也子路以告孔子曰有命孔子進以禮退以義得之不得曰有命而主癰疽與侍人瘠環是無義無命也孔子不悅

於魯衛遭宋桓司馬將要而殺之微服而過宋是時孔子當阨（要平聲）主司城貞子爲陳侯周臣吾聞觀近臣以其所爲主觀遠臣以其所主若孔子主癰疽與侍人瘠環何以爲孔子 ○

萬章問曰或曰百里奚自鬻於秦養牲者五羊之皮食牛以要秦穆公信乎孟子曰否不然好事者爲之也（食音

嗣好去聲下同百里奚虞人也晉人以垂棘之璧與屈產之乘假道於虞以伐虢宮之奇諫百里奚不諫知虞公之不可諫而去之秦年已七十矣曾不知以食牛干秦穆公之爲汙也可謂智乎不可諫而不諫可謂不智乎知虞公之將亡而先去之不可謂不智也時舉於秦知穆公之可與有行也而

相之可謂不智乎相秦而顯其君於天下可傳於後世不賢而能之乎自鬻以成其君鄉黨自好者不爲而謂賢者爲之乎相好並去聲

萬章章句下　凡九章

孟子曰伯夷目不視惡色耳不聽惡聲非其君不事非其民不使治則進亂則退橫政之所出橫民之所止不

忍居也思與鄉人處如以朝衣朝冠坐於塗炭也當紂之時居北海之濱以待天下之清也故聞伯夷之風者頑夫廉懦夫有立志（横去聲朝音潮）伊尹曰何事非君何使非民治亦進亂亦進曰天之生斯民也使先知覺後知使先覺覺後覺予天民之先覺者也予將以此道覺此民也思天下之民匹

夫匹婦有不與被堯舜之澤者若已推而內之溝中其自任以天下之重也（與去聲）柳下惠不羞汙君不辭小官進不隱賢必以其道遺佚而不怨阨窮而不憫與鄉人處由由然不忍去也爾為爾我為我雖袒裼裸裎於我側爾焉能浼我哉故聞柳下惠之風者鄙夫寬薄夫敦孔子之去齊接淅

而行去魯曰遲遲吾行也去父母國之道也可以速而速可以久而久可以處而處可以仕而仕孔子也淅先歷反

孟子曰伯夷聖之清者也伊尹聖之任者也柳下惠聖之和者也孔子聖之時者也孔子之謂集大成集大成也者金聲而玉振之也金聲也者始條理也玉振之也者終條理也始條理者智之事也終條理者聖之事也智譬則巧也聖譬則力也由射於百步之外也其至爾力也其中非爾力也中去聲

○北宮錡問曰周室班爵祿也如之何錡魚綺反

孟子曰其詳不可得聞也諸侯惡其害己也而皆去其籍然而軻也嘗聞其略也惡去聲去上聲

天子一位公一位侯一位伯一位子男同

一位凡五等也君一位卿一位大夫
一位上士一位中士一位下士一位
凡六等天子之制地方千里公侯皆
方百里伯七十里子男五十里凡四
等不能五十里不達於天子附於諸
侯曰附庸天子之卿受地視侯大夫
受地視伯元士受地視子男大國地
方百里君十卿祿卿祿四大夫大夫

倍上士上士倍中士中士倍下士下
士與庶人在官者同祿祿足以代其
耕也次國地方七十里君十卿祿卿
祿三大夫大夫倍上士上士倍中士
中士倍下士下士與庶人在官者同
祿祿足以代其耕也小國地方五十
里君十卿祿卿祿二大夫大夫倍上
士上士倍中士中士倍下士下士與

庶人在官者同祿祿足以代其耕也
耕者之所獲一夫百畝百畝之糞上
農夫食九人上次食八人中食七人
中次食六人下食五人庶人在官者
其祿以是爲差食音嗣 ○萬章問曰敢
問友孟子曰不挾長不挾貴不挾兄
弟而友友也者友其德也不可以有
挾也孟獻子百乘之家也有友五人

焉樂正裘牧仲其三人則予忘之矣
獻子之與此五人者友也無獻子之
家者也此五人者亦有獻子之家則
不與之友矣乘去聲下同 非惟百乘之家
爲然也雖小國之君亦有之費惠公
曰吾於子思則師之矣吾於顏般則
友之矣王順長息則事我者也費音祕般音
班 非惟小國之君爲然也雖大國之

君亦有之晉平公之於亥唐也入云
則入坐云則坐食云則食雖疏食菜
羹未嘗不飽蓋不敢不飽也然終於
此而已矣弗與共天位也弗與治天
職也弗與食天祿也士之尊賢者也
非王公之尊賢也疏食之食音嗣舜尚見帝
帝館甥于貳室亦饗舜迭爲賓主是
天子而友匹夫也用下敬上謂之貴

貴用上敬下謂之尊賢貴貴尊賢其
義一也○萬章問曰敢問交際何心
也孟子曰恭也曰卻之卻之爲不恭
何哉曰尊者賜之曰其所取之者義
乎不義乎而後受之以是爲不恭故
弗卻也曰請無以辭卻之以心卻之
曰其取諸民之不義也而以他辭無
受不可乎曰其交也以道其接也以

禮斯孔子受之矣萬章曰今有禦人於國門之外者其交也以道其餽也以禮斯可受禦與曰不可康誥曰殺越人于貨閔不畏死凡民罔不譈是不待教而誅者也殷受夏周受殷所不辭也於今爲烈如之何其受之與平聲譈徒對反曰今之諸侯取之於民也猶禦也苟善其禮際矣斯君子受之敢問何說也曰子以爲有王者作將比今之諸侯而誅之乎其教之不改而後誅之乎比去聲夫謂非其有而取之者盜也充類至義之盡也孔子之仕於魯也魯人獵較孔子亦獵較獵較猶可而況受其賜乎夫音扶較音角曰然則孔子之仕也非事道與曰事道也與平聲事道奚獵較也曰孔子先簿正祭

器不以四方之食供簿正曰奚不去也曰爲之兆也兆足以行矣而不行而後去是以未嘗有所終三年淹也孔子有見行可之仕有際可之仕有公養之仕於季桓子見行可之仕也於衛靈公際可之仕也於衛孝公公養之仕也○孟子曰仕非爲貧也而有時乎爲貧娶妻非爲養也而有時乎爲養（爲養並去聲）爲貧者辭尊居卑辭富居貧辭尊居卑辭富居貧惡乎宜乎抱關擊柝（惡平聲柝音託）孔子嘗爲委吏矣曰會計當而已矣嘗爲乘田矣曰牛羊茁壯長而已矣（委烏僞反會工外反當丁浪反）（乘去聲茁阻刮反長上聲）位卑而言高罪也立乎人之本朝而道不行恥也（朝音潮）○萬章曰士之不託諸侯何也孟子曰不

敢也諸侯失國而後託於諸侯禮也
士之託於諸侯非禮也萬章曰君餽
之粟則受之乎曰受之受之何義也
曰君之於氓也固周之曰周之則受
賜之則不受何也曰不敢也曰敢問
其不敢何也曰抱關擊柝者皆有常
職以食於上無常職而賜於上者以
爲不恭也曰君餽之則受之不識可

常繼乎曰繆公之於子思也亟問亟
餽鼎肉子思不悅於卒也摽使者出
諸大門之外北面稽首再拜而不受
曰今而後知君之犬馬畜伋蓋自是
臺無餽也（亟去聲下同摽音杓使去聲）悅賢不能
舉又不能養也可謂悅賢乎曰敢問
國君欲養君子如何斯可謂養矣曰
以君命將之再拜稽首而受其後廩

人繼粟庖人繼肉不以君命將之子思以爲鼎肉使己僕僕爾亟拜也非養君子之道也堯之於舜也使其子九男事之二女女焉（女下字去聲）百官牛羊倉廩備以養舜於畎畝之中後舉而加諸上位故曰王公之尊賢者也

○萬章曰敢問不見諸侯何義也孟子曰在國曰市井之臣在野曰草莽

之臣皆謂庶人庶人不傳質爲臣不敢見於諸侯禮也（質同贄）萬章曰庶人召之役則往役君欲見之召之則不往見之何也曰往役義也往見不義也且君之欲見之也何爲也哉曰爲其多聞也爲其賢也曰爲其多聞也則天子不召師而況諸侯乎爲其賢也則吾未聞欲見賢而召之也（爲並去聲）

繆公亟見於子思曰古千乘之國以友士何如子思不悅曰古之人有言曰事之云乎豈曰友之云乎子思之不悅也豈不曰以位則子君也我臣也何敢與君友也以德則子事我者也奚可以與我友千乘之君求與之友而不可得也而況可召與（亟乘並去聲召）（與之與平聲）

齊景公田招虞人以旌不至將殺之志士不忘在溝壑勇士不忘喪其元孔子奚取焉取非其招不往也（喪去聲）

曰敢問招虞人何以曰以皮冠庶人以旃士以旂大夫以旌以大夫之招招虞人虞人死不敢往以士之招招庶人庶人豈敢往哉況乎以不賢人之招招賢人乎欲見賢人而不以其道猶欲其入而閉之門也夫

義路也禮門也惟君子能由是路出入是門也詩云周道如厎其直如矢君子所履小人所視夫音扶厎之履反萬章曰孔子君命召不俟駕而行然則孔子非與平聲曰孔子當仕有官職而以其官召之也○孟子謂萬章曰一鄉之善士斯友一鄉之善士一國之善士斯友一國之善士天下之善士斯

友天下之善士以友天下之善士為未足又尚論古之人頌其詩讀其書不知其人可乎是以論其世也是尚友也○齊宣王問卿孟子曰王何卿之問也王曰卿不同乎曰不同有貴戚之卿有異姓之卿王曰請問貴戚之卿曰君有大過則諫反覆之而不聽則易位王勃然變乎色曰王勿異

也王問臣臣不敢不以正對王色定
然後請問異姓之卿曰君有過則諫
反覆之而不聽則去

告子章句上 凡二十章

告子曰性猶杞柳也義猶桮棬也以
人性為仁義猶以杞柳為桮棬 桮杯棬丘
圓反 孟子曰子能順杞柳之性而以為
桮棬乎將戕賊杞柳而後以為桮棬

也如將戕賊杞柳而以為桮棬則亦
將戕賊人以為仁義與率天下之人
而禍仁義者必子之言夫 戕墻與余夫扶 ○
告子曰性猶湍水也決諸東方則東
流決諸西方則西流人性之無分於
善不善也猶水之無分於東西也 湍他
端反 孟子曰水信無分於東西無分於
上下乎人性之善也猶水之就下也

人無有不善水無有不下今夫水搏
而躍之可使過顙激而行之可使在
山是豈水之性哉其勢則然也人之
可使爲不善其性亦猶是也○告子
曰生之謂性孟子曰生之謂性也猶
白之謂白與(平聲下同)曰然白羽之白也
猶白雪之白白雪之白猶白玉之白
與曰然然則犬之性猶牛之性牛之

性猶人之性與○告子曰食色性也
仁內也非外也義外也非內也孟子
曰何以謂仁內義外也曰彼長而我
長之非有長於我也猶彼白而我白
之從其白於外也故謂之外也(長上聲下
同)曰異於白馬之白也無以異於白
人之白也不識長馬之長也無以異
於長人之長與(平聲下同)且謂長者義乎

長之者義乎曰吾弟則愛之秦人之弟則不愛也是以我爲悅者也故謂之内長楚人之長亦長吾之長是以長爲悅者也故謂之外也曰耆秦人之炙無以異於耆吾炙夫物則亦有然者也然則耆炙亦有外與耆嗜同夫音扶

○孟季子問公都子曰何以謂義内也曰行吾敬故謂之内也鄉人長於

伯兄一歲則誰敬曰敬兄酌則誰先曰先酌鄉人所敬在此所長在彼果在外非由内也公都子不能答以告孟子孟子曰敬叔父乎敬弟乎彼將曰敬叔父曰弟爲尸則誰敬彼將曰敬弟子曰惡在其敬叔父也彼將曰在位故也子亦曰在位故也庸敬在兄斯須之敬在鄉人惡平聲季子聞之

曰敬叔父則敬敬弟則敬果在外非由內也公都子曰冬日則飲湯夏日則飲水然則飲食亦在外也○公都子曰告子曰性無善無不善也或曰性可以爲善可以爲不善是故文武興則民好善幽厲興則民好暴好去聲或曰有性善有性不善是故以堯爲君而有象以瞽瞍爲父而有舜以紂

爲兄之子且以爲君而有微子啓王子比干今曰性善然則彼皆非與與平聲孟子曰乃若其情則可以爲善矣乃所謂善也若夫爲不善非才之罪也夫音扶惻隱之心人皆有之羞惡之心人皆有之恭敬之心人皆有之是非之心人皆有之惻隱之心仁也羞惡之心義也恭敬之心禮也是非之心

智也仁義禮智非由外鑠我也我固有之也弗思耳矣故曰求則得之舍則失之或相倍蓰而無筭者不能盡其才者也（舍音捨 蓰音師）詩曰天生蒸民有物有則民之秉夷好是懿德孔子曰爲此詩者其知道乎故有物必有則民之秉夷也故好是懿德（好去聲）

○孟子曰富歲子弟多賴凶歲子弟多暴

非天之降才爾殊也其所以陷溺其心者然也今夫麰麥播種而耰之其地同樹之時又同浡然而生至於日至之時皆熟矣雖有不同則地有肥磽雨露之養人事之不齊也（夫音扶 麰音牟 耰音憂 磽丘交反）故凡同類者舉相似也何獨至於人而疑之聖人與我同類者故龍子曰不知足而爲屨我知其不

爲蕢也屨之相似天下之足同也（蕢音匱）口之於味有同耆也易牙先得我口之所耆者也如使口之於味也其性與人殊若犬馬之與我不同類也則天下何耆皆從易牙之於味也至於味天下期於易牙是天下之口相似也（耆與嗜同下同）惟耳亦然至於聲天下期於師曠是天下之耳相似也惟目

亦然至於子都天下莫不知其姣也不知子都之姣者無目者也（姣古卯反）故曰口之於味也有同耆焉耳之於聲也有同聽焉目之於色也有同美焉至於心獨無所同然乎心之所同然者何也謂理也義也聖人先得我心之所同然耳故理義之悅我心猶芻豢之悅我口

○孟子曰牛山之木嘗

美矣以其郊於大國也斧斤伐之可以爲美乎是其日夜之所息雨露之所潤非無萌蘖之生焉（蘖五列反）牛羊又從而牧之是以若彼濯濯也人見其濯濯也以爲未嘗有材焉此豈山之性也哉雖存乎人者豈無仁義之心哉其所以放其良心者亦猶斧斤之於木也旦旦而伐之可以爲美乎其

日夜之所息平旦之氣其好惡與人相近也者幾希則其旦晝之所爲有梏亡之矣梏之反覆則其夜氣不足以存夜氣不足以存則其違禽獸不遠矣人見其禽獸也而以爲未嘗有才焉者是豈人之情也哉（好惡並去聲）故苟得其養無物不長苟失其養無物不消（長上聲）孔子曰操則存舍則亡出

入無時莫知其鄉惟心之謂與〔舍上聲與平聲〕○孟子曰無或乎王之不智也雖有天下易生之物也一日暴之十日寒之未有能生者也吾見亦罕矣吾退而寒之者至矣吾如有萌焉何哉〔易去聲暴步卜反見音現〕今夫弈之爲數小數也不專心致志則不得也弈秋通國之善弈者也使弈秋誨二人弈其一人專心致志惟弈秋之爲聽一人雖聽之一心以爲有鴻鵠將至思援弓繳而射之雖與之俱學弗若之矣爲是其智弗若與曰非然也〔夫音扶繳音灼射食亦反爲是去聲若與平聲〕○孟子曰魚我所欲也熊掌亦我所欲也二者不可得兼舍魚而取熊掌者也生亦我所欲也義亦我所欲也二者不可得兼舍生而

取義者也生亦我所欲所欲有甚於生者故不爲苟得也死亦我所惡所惡有甚於死者故患有所不辟也惡辟皆去聲如使人之所欲莫甚於生則凡可以得生者何不用也使人之所惡莫甚於死者則凡可以辟患者何不爲也由是則生而有不用也由是則可以辟患而有不爲也是故所欲有

甚於生者所惡有甚於死者非獨賢者有是心也人皆有之賢者能勿喪耳喪去聲一簞食一豆羹得之則生弗得則死嘑爾而與之行道之人弗受蹴爾而與之乞人不屑也食嗣嘑呼故反蹴子六反萬鍾則不辨禮義而受之萬鍾於我何加焉爲宮室之美妻妾之奉所識窮乏者得我與爲去聲與平聲鄉爲身死

而不受今爲宮室之美爲之鄉爲身
死而不受今爲妻妾之奉爲之鄉爲
身死而不受今爲所識窮乏者得我
而爲之是亦不可以已乎此之謂失
其本心。鄉爲並去聲爲之如字○孟子曰仁人
心也義人路也舍其路而弗由放其
心而不知求哀哉人有雞犬放則知
求之有放心而不知求學問之道無

他求其放心而已矣○孟子曰今有
無名之指屈而不信非疾痛害事也
如有能信之者則不遠秦楚之路爲
指之不若人也信伸同爲去聲指不若人則
知惡之心不若人則不知惡此之謂
不知類也惡去聲○孟子曰拱把之桐
梓人苟欲生之皆知所以養之者至
於身而不知所以養之者豈愛身不

若桐梓哉弗思甚也○孟子曰人之於身也兼所愛兼所愛則兼所養也無尺寸之膚不愛焉則無尺寸之膚不養也所以考其善不善者豈有他哉於已取之而已矣體有貴賤有小大無以小害大無以賤害貴養其小者爲小人養其大者爲大人今有場師舍其梧檟養其樲棘則爲賤場師焉（舍上聲檟音賈樲音貳）養其一指而失其肩背而不知也則爲狼疾人也飲食之人則人賤之矣爲其養小以失大也（爲其之爲去聲）飲食之人無有失也則口腹豈適爲尺寸之膚哉○公都子問曰鈞是人也或爲大人或爲小人何也孟子曰從其大體爲大人從其小體爲小人曰鈞是人也或從其大體或

從其小體何也曰耳目之官不思而蔽於物物交物則引之而已矣心之官則思思則得之不思則不得也此天之所與我者先立乎其大者則其小者弗能奪也此爲大人而已矣○孟子曰有天爵者有人爵者仁義忠信樂善不倦此天爵也公卿大夫此人爵也古之人脩其天爵而人爵從

之今之人脩其天爵以要人爵既得人爵而棄其天爵則惑之甚者也終亦必亡而已矣樂音洛要平聲○孟子曰欲貴者人之同心也人人有貴於己者弗思耳人之所貴者非良貴也趙孟之所貴趙孟能賤之詩云既醉以酒既飽以德言飽乎仁義也所以不願人之膏粱之味也令聞廣譽施於身

所以不願人之文繡也(聞去聲)○孟子曰仁之勝不仁也猶水勝火今之爲仁者猶以一杯水救一車薪之火也不熄則謂之水不勝火此又與於不仁之甚者也亦終必亡而已矣○孟子曰五穀者種之美者也苟爲不熟不如荑稗(荑音蹄稗蒲賣反)夫仁亦在乎熟之而已矣(夫音扶)○孟子曰羿之教人

射必志於彀學者亦必志於彀(古候反)大匠誨人必以規矩學者亦必以規矩

告子章句下 凡十六章

任人有問屋廬子曰禮與食孰重(任平聲)曰禮重色與禮孰重曰禮重曰以禮食則飢而死不以禮食則得食必以禮乎親迎則不得妻不親迎則得

妻必親迎乎。屋廬子不能對。明日之鄒以告孟子。孟子曰。於答是也何有。（於如字）不揣其本而齊其末。方寸之木可使高於岑樓。（揣初委反）金重於羽者。豈謂一鉤金與一輿羽之謂哉。取食之重者與禮之輕者而比之。奚翅食重。取色之重者與禮之輕者而比之。奚翅色重。（翅啻同）往應之曰。紾兄之臂而奪之食則得食。不紾則不得食。則將紾之乎。踰東家牆而摟其處子則得妻。不摟則不得妻。則將摟之乎。（紾音軫 摟音婁）

○曹交問曰。人皆可以為堯舜。有諸。孟子曰。然。交聞文王十尺。湯九尺。今交九尺四寸以長。（句）食粟而已。如何則可。曰。奚有於是。亦為之而已矣。有人於此。力不能勝一匹雛。則

爲無力人矣今曰舉百鈞則爲有力
人矣然則舉烏獲之任是亦爲烏獲
而已矣夫人豈以不勝爲患哉弗爲
耳（勝平聲）徐行後長者謂之弟（後去聲長上聲）
疾行先長者謂之不弟夫徐行者豈
人所不能哉（先去聲夫音扶）所不爲也堯舜
之道孝弟而已矣子服堯之服誦堯
之言行堯之行是堯而已矣子服桀

之服誦桀之言行桀之行是桀而已
矣（之行並去聲）曰交得見於鄒君可以假
館願留而受業於門（見音現）曰夫道若
大路然豈難知哉人病不求耳子歸
而求之有餘師（夫音扶）○公孫丑問曰
高子曰小弁小人之詩也孟子曰何
以言之曰怨（弁音盤）曰固哉高叟之爲
詩也有人於此越人關弓而射之（關彎）

射食亦反則已談笑而道之無他疏之也其兄關弓而射之則己垂涕泣而道之無他戚之也小弁之怨親親也親親仁也固矣夫高叟之爲詩也夫音扶曰凱風何以不怨曰凱風親之過小者也小弁親之過大者也親之過大而不怨是愈疏也親之過小而怨是不可磯也愈疏不孝也不可磯亦不

孝也磯音機孔子曰舜其至孝矣五十而慕○宋牼將之楚孟子遇於石丘牼口莖反曰先生將何之曰吾聞秦楚構兵我將見楚王說而罷之楚王不悅我將見秦王說而罷之說音稅二王我將有所遇焉曰軻也請無問其詳願聞其指說之將何如曰我將言其不利也曰先生之志則大矣先生之號

則不可先生以利說秦楚之王秦楚之王悅於利以罷三軍之師是三軍之士樂罷而悅於利也樂音洛下同為人臣者懷利以事其君為人子者懷利以事其父為人弟者懷利以事其兄是君臣父子兄弟終去仁義懷利以相接然而不亡者未之有也先生以仁義說秦楚之王秦楚之王悅於仁

義而罷三軍之師是三軍之士樂罷而悅於仁義也為人臣者懷仁義以事其君為人子者懷仁義以事其父為人弟者懷仁義以事其兄是君臣父子兄弟去利懷仁義以相接也然而不王者未之有也何必曰利王去聲

○孟子居鄒季任為任處守以幣交受之而不報處於平陸儲子為相以

幣交受之而不報。（任平聲相去聲）他日由鄒之任見季子由平陸之齊不見儲子屋廬子喜曰連得閒矣問曰夫子之任見季子之齊不見儲子爲其爲相與。（爲其去聲下同與平聲）曰非也書曰享多儀儀不及物曰不享惟不役志于享爲其不成享也屋廬子悅或問之屋廬子曰季子不得之鄒儲子得之平陸

○淳于髡曰先名實者爲人也後名實者自爲也夫子在三卿之中名實未加於上下而去之仁者固如此乎（先後爲並去聲）孟子曰居下位不以賢事不肖者伯夷也五就湯五就桀者伊尹也不惡汚君不辭小官者柳下惠也三子者不同道其趨一也（惡趨並去聲）一者何也曰仁也君子亦仁而已矣何

必同曰魯繆公之時公儀子爲政子
柳子思爲臣魯之削也滋甚若是乎
賢者之無益於國也曰虞不用百里
奚而亡秦穆公用之而霸不用賢則
亡削何可得與（平聲）曰昔者王豹處於
淇而河西善謳緜駒處於高唐而齊
右善歌華周杞梁之妻善哭其夫而
變國俗（華去聲）有諸內必形諸外爲其

事而無其功者髡未嘗覩之也是故
無賢者也有則髡必識之曰孔子爲
魯司寇不用從而祭燔肉不至不稅
冕而行不知者以爲爲肉也其知者
以爲爲無禮也乃孔子則欲以微罪
行不欲爲苟去君子之所爲衆人固
不識也（稅音脫爲肉爲無並去聲）○孟子曰五霸
者三王之罪人也今之諸侯五霸之

罪人也今之大夫今之諸侯之罪人也天子適諸侯曰巡狩諸侯朝於天子曰述職春省耕而補不足秋省歛而助不給入其疆土地辟田野治養老尊賢俊傑在位則有慶慶以地入其疆土地荒蕪遺老失賢掊克在位則有讓一不朝則貶其爵再不朝則削其地三不朝則六師移之是故天子討而不伐諸侯伐而不討五霸者摟諸侯以伐諸侯者也故曰五霸者三王之罪人也朝音潮辟闢同五霸桓公爲盛葵丘之會諸侯束牲載書而不歃血初命曰誅不孝無易樹子無以妾爲妻再命曰尊賢育才以彰有德三命曰敬老慈幼無忘賓旅四命曰士無世官官事無攝取士必得無專殺

大夫五命曰無曲防無遏糴無有封而不告曰凡我同盟之人既盟之後言歸于好今之諸侯皆犯此五禁故曰今之諸侯五霸之罪人也長君之惡其罪小逢君之惡其罪大今之大夫皆逢君之惡故曰今之大夫今之諸侯之罪人也（好去聲　長上聲）

○魯欲使慎子爲將軍孟子曰不教民而用之謂之殃民殃民者不容於堯舜之世一戰勝齊遂有南陽然且不可慎子勃然不悅曰此則滑釐所不識也（滑音骨）曰吾明告子天子之地方千里不千里不足以待諸侯諸侯之地方百里不百里不足以守宗廟之典籍周公之封於魯爲方百里也地非不足而儉於百里太公之封於齊也亦爲方

百里也地非不足也而儉於百里今
魯方百里者五子以爲有王者作則
魯在所損乎在所益乎徒取諸彼以
與此然且仁者不爲況於殺人以求
之乎君子之事君也務引其君以當
道志於仁而已○孟子曰今之事君
者曰我能爲君辟土地充府庫今之
所謂良臣古之所謂民賊也君不鄉
道不志於仁而求富之是富桀也我
能爲君約與國戰必克今之所謂良
臣古之所謂民賊也君不鄉道不志
於仁而求爲之強戰是輔桀也由今
之道無變今之俗雖與之天下不能
一朝居也○白圭曰吾欲二十而取
一何如孟子曰子之道貉道也貉陌音
萬室之國一人陶則可乎曰不可器

不足用也曰夫貉五穀不生惟黍生
之無城郭宮室宗廟祭祀之禮無諸
侯幣帛饔飧無百官有司故二十取
一而足也夫音扶飧音孫今居中國去人倫
無君子如之何其可也陶以寡且不
可以爲國況無君子乎欲輕之於堯
舜之道者大貉小貉也欲重之於堯
舜之道者大桀小桀也○白圭曰丹

之治水也愈於禹孟子曰子過矣禹
之治水水之道也是故禹以四海爲
壑今吾子以鄰國爲壑水逆行謂之
洚水洚水者洪水也仁人之所惡也
吾子過矣惡去聲○孟子曰君子不亮
惡乎執惡平聲○魯欲使樂正子爲政
孟子曰吾聞之喜而不寐公孫丑曰
樂正子強乎曰否有知慮乎曰否多

聞識乎曰否然則奚爲喜而不寐曰其爲人也好善好善足乎曰好善優於天下而況魯國乎夫苟好善則四海之内皆將輕千里而来告之以善夫苟不好善則人將曰訑訑予既已知之矣訑訑之聲音顏色距人於千里之外士止於千里之外則讒諂面諛之人至矣與讒諂面諛之人居國欲治可得乎好去聲夫音扶訑音移

○陳子曰古之君子何如則仕孟子曰所就三所去三迎之致敬以有禮言將行其言也則就之禮貌未衰言弗行也則去之其次雖未行其言也迎之致敬以有禮則就之禮貌衰則去之其下朝不食夕不食飢餓不能出門户君聞之曰吾大者不能行其道又不能

從其言也使飢餓於我土地吾恥之周之亦可受也免死而已矣○孟子曰舜發於畎畝之中傅說舉於版築之間膠鬲舉於魚鹽之中管夷吾舉於士孫叔敖舉於海百里奚舉於市說音悅故天將降大任於是人也必先苦其心志勞其筋骨餓其體膚空乏其身行拂亂其所為所以動心忍性曾益其所不能曾與增同人恒過然後能改困於心衡於慮而後作徵於色發於聲而後喻入則無法家拂士出則無敵國外患者國恒亡拂弼同然後知生於憂患而死於安樂也○孟子曰教亦多術矣予不屑之教誨也者是亦教誨之而已矣

盡心章句上　凡四十六章

孟子曰盡其心者知其性也知其性則知天矣存其心養其性所以事天也殀壽不貳脩身以俟之所以立命也○孟子曰莫非命也順受其正是故知命者不立乎巖牆之下盡其道而死者正命也桎梏死者非正命也○孟子曰求則得之舍則失之是求有益於得也求在我者也舍上聲求之有道得之有命是求無益於得也求在外者也○孟子曰萬物皆備於我矣反身而誠樂莫大焉樂音洛強恕而行求仁莫近焉強上聲○孟子曰行之而不著焉習矣而不察焉終身由之而不知其道者衆也○孟子曰人不可以無恥無恥之恥無恥矣○孟子曰恥之於人大矣爲機變之巧者無

所用恥焉。不恥不若人，何若人有？○孟子曰：「古之賢王好善而忘勢，古之賢士何獨不然？樂其道而忘人之勢。故王公不致敬盡禮，則不得亟見之。見且由不得亟，而況得而臣之乎？」（好去聲　樂音洛　亟去吏反）○孟子謂宋句踐曰：「子好遊乎？吾語子遊。（句鉤好　語去聲）人知之亦囂囂，人不知亦囂囂。」曰：「何如斯可以囂囂矣？」曰：「尊德樂義，則可以囂囂矣。（樂音洛）○故士窮不失義，達不離道。窮不失義，故士得己焉；（離去聲）達不離道，故民不失望焉。古之人，得志，澤加於民；不得志，脩身見於世。窮則獨善其身，達則兼善天下。」（見音現）○孟子曰：「待文王而後興者，凡民也。若夫豪傑之士，雖無文王猶興。」○孟子曰：「附之以韓魏

之家如其自視欿然則過人遠矣欿音
坎〇孟子曰以佚道使民雖勞不怨
以生道殺民雖死不怨殺者〇孟子
曰霸者之民驩虞如也王者之民皞
皞如也皞胡老反殺之而不怨利之而不
庸民日遷善而不知為之者夫君子
所過者化所存者神上下與天地同
流豈曰小補之哉夫音扶〇孟子曰仁

言不如仁聲之入人深也善政不如
善教之得民也善政民畏之善教民
愛之善政得民財善教得民心〇孟
子曰人之所不學而能者其良能也
所不慮而知者其良知也孩提之童
無不知愛其親者及其長也無不知
敬其兄也長上聲下同親親仁也敬長義
也無他達之天下也〇孟子曰舜之

居深山之中與木石居與鹿豕遊其所以異於深山之野人者幾希及其聞一善言見一善行若決江河沛然莫之能禦也（行去聲）○孟子曰無爲其所不爲無欲其所不欲如此而已矣

○孟子曰人之有德慧術智者恒存乎疢疾（知智疢丑刃反）獨孤臣孽子其操心也危其慮患也深故達○孟子曰有

事君人者事是君則爲容悅者也有安社稷臣者以安社稷爲悅者也有天民者達可行於天下而後行之者也有大人者正己而物正者也○孟子曰君子有三樂而王天下不與存焉（王與並去聲）父母俱存兄弟無故一樂也仰不愧於天俯不怍於人二樂也得天下英才而教育之三樂也君子

有三樂而王天下不與存焉○孟子曰廣土衆民君子欲之所樂不存焉樂音洛下同中天下而立定四海之民君子樂之所性不存焉君子所性雖大行不加焉雖窮居不損焉分定故也分去聲君子所性仁義禮智根於心其生色也睟然見於面盎於背施於四體四體不言而喻睟音粹見音現盎烏浪反○孟子曰伯夷辟紂居北海之濵聞文王作興曰盍歸乎來吾聞西伯善養老者大公辟紂居東海之濵聞文王作興曰盍歸乎來吾聞西伯善養老者天下有善養老則仁人以爲已歸矣辟去聲大音泰五畝之宅樹牆下以桑匹婦蠶之則老者足以衣帛矣五母雞二母彘無失其時老者足以無失肉矣

百畝之田匹夫耕之八口之家足以無飢矣（衣去聲）所謂西伯善養老者制其田里教之樹畜導其妻子使養其老五十非帛不煖七十非肉不飽不煖不飽謂之凍餒文王之民無凍餒之老者此之謂也○孟子曰易其田疇薄其稅斂民可使富也（易斂並去聲）食之以時用之以禮財不可勝用也（勝音升）民非水火不生活昏暮叩人之門戶求水火無弗與者至足矣聖人治天下使有菽粟如水火菽粟如水火而民焉有不仁者乎（焉音煙）○孟子曰孔子登東山而小魯登太山而小天下故觀於海者難為水遊於聖人之門者難為言觀水有術必觀其瀾日月有明容光必照焉流水之為物也

不盈科不行君子之志於道也不成章不達○孟子曰雞鳴而起孳孳爲善者舜之徒也雞鳴而起孳孳爲利者蹠之徒也欲知舜與蹠之分無他利與善之間也○孟子曰楊子取爲我拔一毛而利天下不爲也墨子兼愛摩頂放踵利天下爲之放上聲子莫執中執中爲近之執中無權猶執一也所惡執一者爲其賊道也舉一而廢百也惡爲並去聲○孟子曰飢者甘食渴者甘飲是未得飲食之正也飢渴害之也豈惟口腹有飢渴之害人心亦皆有害人能無以飢渴之害爲心害則不及人不爲憂矣○孟子曰柳下惠不以三公易其介○孟子曰有爲者辟若掘井掘井九軔而不及泉

猶爲棄井也辟譬同軔音刃○孟子曰堯舜性之也湯武身之也五霸假之也久假而不歸惡知其非有也惡平聲○公孫丑曰伊尹曰予不狎于不順放太甲于桐民大悅太甲賢又反之民大悅賢者之爲人臣也其君不賢則固可放與與平聲孟子曰有伊尹之志則可無伊尹之志則篡也○公孫丑曰詩

曰不素餐兮君子之不耕而食何也孟子曰君子居是國也其君用之則安富尊榮其子弟從之則孝弟忠信不素餐兮孰大於是餐七丹反○王子墊問曰士何事墊丁念反孟子曰尚志曰何謂尚志曰仁義而已矣殺一無罪非仁也非其有而取之非義也居惡在仁是也路惡在義是也居仁由義大

人之事備矣惡平聲○孟子曰仲子不義與之齊國而弗受人皆信之是舍簞食豆羹之義也人莫大焉亡親戚君臣上下以其小者信其大者奚可哉舍音捨食音嗣○桃應問曰舜爲天子皐陶爲士瞽瞍殺人則如之何孟子曰執之而已矣然則舜不禁與平聲曰夫舜惡得而禁之夫有所受之也夫音扶惡平聲然則舜如之何曰舜視棄天下猶棄敝蹝也竊負而逃遵海濱而處終身訢然樂而忘天下蹝音徙訢與欣同樂音洛○孟子自范之齊望見齊王之子喟然歎曰居移氣養移體大哉居乎夫非盡人之子與孟子曰王子宮室車馬衣服多與人同而王子若彼者其居使之然也況居天下之廣居者乎魯

君之宋呼於垤澤之門守者曰此非吾君也何其聲之似我君也此無他居相似也呼去聲○孟子曰食而弗愛豕交之也愛而不敬獸畜之也食音嗣恭敬者幣之未將者也恭敬而無實君子不可虛拘○孟子曰形色天性也惟聖人然後可以踐形○齊宣王欲短喪公孫丑曰爲朞之喪猶愈於已乎孟子曰是猶或紾其兄之臂子謂之姑徐徐云爾紾音軫亦教之孝弟而已矣王子有其母死者其傅爲之請數月之喪公孫丑曰若此者何如也曰是欲終之而不可得也雖加一日愈於已謂夫莫之禁而弗爲者也爲去聲夫音扶○孟子曰君子之所以教者五有如時雨化之者有成德者有達

財者有答問者有私淑艾者艾音乂此五者君子之所以教也○公孫丑曰道則高矣美矣宜若登天然似不可及也何不使彼爲可幾及而日孳孳也幾音機孟子曰大匠不爲拙工改廢繩墨羿不爲拙射變其彀率爲去聲彀古候反率音律君子引而不發躍如也中道而立能者從之○孟子曰天下有道以道殉身天下無道以身殉道未聞以道殉乎人者也○公都子曰滕更之在門也若在所禮而不答何也更平聲孟子曰挾貴而問挾賢而問挾長而問挾有勳勞而問挾故而問皆所不答也滕更有二焉長上聲○孟子曰於不可已而已者無所不已於所厚者薄無所不薄也其進銳者其退速○

孟子曰君子之於物也愛之而弗仁
於民也仁之而弗親親親而仁民仁
民而愛物○孟子曰知者無不知也
當務之爲急仁者無不愛也急親賢
之爲務堯舜之知而不偏物急先務
也堯舜之仁不偏愛人急親賢也知者
之知去聲不能三年之喪而緦小功之察
放飯流歠而問無齒決是之謂不知

務飯扶晚反歠昌悅反

盡心章句下凡三十八章

孟子曰不仁哉梁惠王也仁者以其
所愛及其所不愛不仁者以其所不
愛及其所愛公孫丑曰何謂也梁惠
王以土地之故糜爛其民而戰之大
敗將復之恐不能勝故驅其所愛子
弟以殉之是之謂以其所不愛及其

所愛也○孟子曰春秋無義戰彼善於此則有之矣征者上伐下也敵國不相征也○孟子曰盡信書則不如無書吾於武成取二三策而已矣仁人無敵於天下以至仁伐至不仁而何其血之流杵也○孟子曰有人曰我善爲陳我善爲戰大罪也陳去聲國君好仁天下無敵焉好去聲南面而征

北狄怨東面而征西夷怨曰奚爲後我武王之伐殷也革車三百兩虎賁三千人兩去聲賁音奔王曰無畏寧爾也非敵百姓也若崩厥角稽首征之爲言正也各欲正己也焉用戰焉於虔反○孟子曰梓匠輪輿能與人規矩不能使人巧○孟子曰舜之飯糗茹草也飯上聲糗去久反茹音汝若將終身焉及其爲天子

也被袗衣鼓琴二女果若固有之袗之忍反果婐同烏果反○孟子曰吾今而後知殺人親之重也殺人之父人亦殺其父殺人之兄人亦殺其兄然則非自殺之也一間耳間去聲○孟子曰古之爲關也將以禦暴今之爲關也將以爲暴○孟子曰身不行道不行於妻子使人不以道不能行於妻子○孟子

曰周于利者凶年不能殺周于德者邪世不能亂○孟子曰好名之人能讓千乘之國苟非其人簞食豆羹見於色好乘食並去聲見音現○孟子曰不信仁賢則國空虛無禮義則上下亂無政事則財用不足○孟子曰不仁而得國者有之矣不仁而得天下未之有也○孟子曰民爲貴社稷次之君爲

輕。是故得乎丘民而爲天子。得乎天子爲諸侯。得乎諸侯爲大夫。諸侯危社稷則變置。犧牲既成。粢盛既絜。祭祀以時。然而旱乾水溢。則變置社稷。盛音成 ○孟子曰。聖人百世之師也。伯夷柳下惠是也。故聞伯夷之風者。頑夫廉。懦夫有立志。聞柳下惠之風者。薄夫敦。鄙夫寬。奮乎百世之上。句 百世之下。聞者莫不興起也。非聖人而能若是乎。而況於親炙之者乎。○孟子曰。仁也者人也。合而言之道也。○孟子曰。孔子之去魯。曰遲遲吾行也。去父母國之道也。去齊。接淅而行。去他國之道也。○孟子曰。君子之戹於陳蔡之間。無上下之交也。○貉稽曰。稽大不理於口。貉音陌 孟子曰。無傷也。

士憎茲多口詩云憂心悄悄慍于羣小孔子也肆不殄厥慍亦不殞厥問文王也○孟子曰賢者以其昭昭使人昭昭今以其昏昏使人昭昭○孟子謂高子曰山徑之蹊間（句）介然用之而成路（句）爲間不用則茅塞之矣（介音戛）今茅塞子之心矣○高子曰禹之聲尚文王之聲孟子曰何以言之

曰以追蠡（追音堆 蠡音禮）曰是奚足哉城門之軌兩馬之力與（與平聲）○齊饑陳臻曰國人皆以夫子將復爲發棠殆不可復（復扶又反）孟子曰是爲馮婦也晉人有馮婦者善搏虎卒爲善士則之野有衆逐虎虎負嵎莫之敢攖望見馮婦趨而迎之馮婦攘臂下車衆皆悅之其爲士者笑之○孟子曰口之於

味也目之於色也耳之於聲也鼻之於臭也四肢之於安佚也性也有命焉君子不謂性也仁之於父子也義之於君臣也禮之於賓主也智之於賢者也聖人之於天道也命也有性焉君子不謂命也○浩生不害問曰樂正子何人也孟子曰善人也信人也何謂善何謂信曰可欲之謂善有諸己之謂信充實之謂美充實而有光輝之謂大大而化之之謂聖聖而不可知之之謂神樂正子二之中四之下也○孟子曰逃墨必歸於楊逃楊必歸於儒歸斯受之而已矣今之與楊墨辯者如追放豚既入其苙又從而招之○孟子曰有布縷之征粟米之征力役之征君子用其一緩其

二用其二而民有殍用其三而父子離○孟子曰諸侯之寶三土地人民政事寶珠玉者殃必及身○盆成括仕於齊孟子曰死矣盆成括盆成括見殺門人問曰夫子何以知其將見殺曰其爲人也小有才未聞君子之大道也則足以殺其軀而已矣○孟子之滕館於上宮有業屨於牖上館人求之弗得或問之曰若是乎從者之廋也曰子以是爲竊屨來與曰殆非也夫子之設科也往者不追來者不距苟以是心至（從爲去聲與平聲夫子如字舊讀爲扶）斯受之而已矣○孟子曰人皆有所不忍達之於其所忍仁也人皆有所不爲達之於其所爲義也人能充無欲害人之心而仁不可勝用也人

能充無穿踰之心而義不可勝用也勝平聲人能充無受爾汝之實無所往而不爲義也士未可以言而言是以言餂之也可以言而不言是以不言餂之也餂音忝是皆穿踰之類也○孟子曰言近而指遠者善言也守約而施博者善道也君子之言也不下帶而道存焉施去聲君子之守脩其身而

天下平人病舍其田而芸人之田所求於人者重而所以自任者輕舍上聲

○孟子曰堯舜性者也湯武反之也動容周旋中禮者盛德之至也哭死而哀非爲生者也經德不回非以干祿也言語必信非以正行也中爲行並去聲君子行法以俟命而已矣

○孟子曰說大人則藐之勿視其巍巍然說音稅藐

音眇堂高數仞榱題數尺我得志弗爲也食前方丈侍妾數百人我得志弗爲也般樂飲酒驅騁田獵後車千乘我得志弗爲也在彼者皆我所不爲也在我者皆古之制也吾何畏彼哉榱楚危反般音盤樂音洛○孟子曰養心莫善於寡欲其爲人也寡欲雖有不存焉者寡矣其爲人也多欲雖有存焉者寡矣○曾晳嗜羊棗而曾子不忍食羊棗公孫丑問曰膾炙與羊棗孰美孟子曰膾炙哉公孫丑曰然則曾子何爲食膾炙而不食羊棗曰膾炙所同也羊棗所獨也諱名不諱姓姓所同也名所獨也○萬章問曰孔子在陳曰盍歸乎來吾黨之士狂簡進取不忘其初孔子在陳何思魯之狂士孟

子曰孔子不得中道而與之必也狂獧乎狂者進取獧者有所不爲也孔子豈不欲中道哉不可必得故思其次也獧音絹敢問何如斯可謂狂矣曰如琴張曾晳牧皮者孔子之所謂狂矣何以謂之狂也曰其志嘐嘐然曰古之人古之人夷考其行而不掩焉者也嘐火交反行去聲狂者又不可得欲得

不屑不潔之士而與之是獧也是又其次也孔子曰過我門而不入我室我不憾焉者其惟鄉原乎鄉原德之賊也曰何如斯可謂之鄉原矣曰何以是嘐嘐也言不顧行行不顧言則曰古之人古之人行何爲踽踽涼涼生斯世也爲斯世也善斯可矣閹然媚於世也者是鄉原也行去聲踽其禹反閹音奄

萬章曰一鄉皆稱原人焉無所往而不爲原人孔子以爲德之賊何哉曰非之無擧也刺之無刺也同乎流俗合乎汚世居之似忠信行之似廉潔衆皆悅之自以爲是而不可與入堯舜之道故曰德之賊也孔子曰惡似而非者惡莠恐其亂苗也惡佞恐其亂義也惡利口恐其亂信也惡鄭聲恐其亂樂也惡紫恐其亂朱也惡鄉原恐其亂德也（惡去聲 莠音有）君子反經而已矣經正則庶民興庶民興斯無邪慝矣○孟子曰由堯舜至於湯五百有餘歲若禹皐陶則見而知之若湯則聞而知之由湯至於文王五百有餘歲若伊尹萊朱則見而知之若文王則聞而知之由文王至於孔子五

百有餘歲若太公望散宜生則見而知之若孔子則聞而知之散素亶反由孔子而来至於今百有餘歲去聖人之世若此其未遠也近聖人之居若此其甚也然而無有乎爾則亦無有乎爾

孟子卷之下

出版後記

《四書》，即《論語》、《大學》、《中庸》、《孟子》。《論語》、《孟子》爲獨立的著作，《大學》、《中庸》均出自《禮記》。

《四書》的纂輯者爲朱熹（一一三〇——一二〇〇），字元晦，後改仲晦，號晦庵。據《宋史》本傳，熹幼穎悟，少時，慨然有求道之志。其爲學，大抵窮理以致其知，反躬以踐其實。所謂格物致知，博學篤行。嘗謂聖賢道統之傳散在方册，聖經之旨不明，而道統之傳始晦。於是竭其精力，以研窮聖賢之經訓，筆耕不輟，有大量遺作傳世，奠定了他作爲一代儒學大師的地位。其没後，朝廷以其《大學》、《語》、《孟》、《中庸》訓説——即其代表作《四书章句集注》——立于学官，足见其纂辑《四书》这一发明的开创之功。淳祐元年（一二四一）正月，上视学，手诏以周、张、二程及熹从祀孔子庙。本传末引黄幹曰：『道之正统待人而後传，自周以来，任传道之责者不过数人，而能使斯道章章较著者，一二人而止耳。由孔子而後，曾子、子思继其微，至

孟子而始著。由孟子而後，周、程、张子继其绝，至熹而始著。』识者以为知言。足见朱熹在儒学史上举足轻重的地位。

如果説汉唐是五经的时代，至唐代的孔颖达而集其大成，那麽从宋代，确切地説从朱熹开始，则开啟了四书的时代。後人往往将四书五经相提并论，事实上五经地位的确立是群体智慧逐渐累积的沉淀，而四书的纂辑则很大程度上是朱熹个人的独创。同时，其对《四书》的注释也成为後世科考命题的经典依据。《四书》浓缩了中国古代儒家学者的思想智慧，其所蕴含的内圣外王、修齐治平等儒家核心理念，是中华民族宝贵的精神财富，影响深远。

中國書店所藏明司禮監刊《四書》，一函八册，《大學》、《中庸》有朱熹注，《論語》、《孟子》系白文，偶有音注。該書半頁八行，行十四字，粗黑口，四周雙邊，花魚尾，摹刻精細。其中《大學》、《中庸》文前各有講學圖一幅，版畫精美。全書以白棉紙精印，明代宫廷氣息濃厚，爲内府刻書的代表之作。鑒於《四書》在中國文化史上的重要地位，同時也爲再現古本《四書》神韵，弘揚祖國傳統文化，中國書店以所藏明内府刊本爲底本影印出版此書，以饗讀者。

中国书店出版社
辛卯年秋月

图书在版编目(CIP)数据

明内府刊四书 / 明内府刊刻. —北京：中国书店，2012. 1
ISBN 978-7-5149-0195-5

Ⅰ.①明…　Ⅱ.①明…　Ⅲ.①儒家②四书　Ⅳ.①B222. 1

中国版本图书馆CIP数据核字（2011）第211070号

ISBN 978-7-5149-0195-5

中國書店藏珍貴古籍叢刊

明內府刊四書　一函四冊

作者　朱熹注
出版發行　中國書店
地址　北京市琉璃廠東街一一五號
郵編　一〇〇〇五〇
印刷　江蘇金壇市古籍印刷廠有限公司
版次　二〇一二年二月
書號　ISBN 978-7-5149-0195-5
定價　一三〇〇元